D1713632

HERRICK DISTRICT LIBRARY
Holland, MI

JUL 0 9 2024

Y sigo siendo... ¡Julita!

©2021 Obdulia Báez Félix

Y sigo siendo... ¡Julita!

Edición 2021

Edición: Richard Rivera Cardona

obaezfelix@gmail.com

Escritora Obdulia Báez Félix

Ilustración: Nyleishka de Jesús

ISBN-13: 9798456150837

Todos los derechos patrimoniales y morales
pertenecen a la autora.

Este libro no podrá ser difundido, incorporado,
transmitido, copiado o reproducido de forma
alguna; entiéndase: electrónica, mecánica, fotocopia,
grabación u otros, en su totalidad o parcialmente,
sin la correspondiente autorización, por escrito, de
su autora.

Hecho en Puerto Rico.
Impreso en Estados Unidos.

Y sigo siendo...
¡Julita!

Obdulia Báez Félix

Índice

Prólogo: ¡Es tu turno de jugar!

A ver, te tengo un reto: decirme quién fue Julia de Burgos.

Piensa, piensa... mmmm... Si no recuerdas, intenta de nuevo. Debes haber escuchado sobre ella alguna vez; a lo mejor uno de sus poemas en tus clases de español.

Bueno, mientras haces el recorrido por los archivos de tu memoria como un GPS para localizar la información, te contaré un secreto: ¡estás a punto de acompañar a nuestra Julita en una de las etapas más importantes de su vida! ¿Sabes cuál es esa etapa? La adolescencia.

¿Cómo será? Dame un segundo, y te explico.

Tal vez hayas leído «Y me llamaron... ¡Julita!», la primera parte de este proyecto tan interesante de la educadora y escritora puertorriqueña Obdulia Báez Félix. En ese primer libro, conocimos a la Julita niña. Fuimos testigos de su espíritu aventurero, de sus ocurrencias, de su sensibilidad, de la relación especial que tuvo con sus padres, de su complicidad con la naturaleza y de sus inmensas ganas de aprender. También confirmamos su vena poética innata. Sí, porque Julita nació para ser poeta: la mejor poeta de Puerto Rico.

¿Te suena esta información? ¿Se activó una alarma en tu memoria? ¿Todavía no?

Pues, como te decía, ese primer libro se nos quedó en el corazón a todos los que lo leímos porque conocimos la espléndida niñez de una persona muy especial.

Ahora, en la segunda parte de la historia, «Y sigo siendo... ¡Julita!», tú entrarás en el juego. Sí, tú. No me mires así. ¡Es tu turno de jugar! La autora de este libro se las ingenió para que acompañes a nuestra protagonista a afrontar la vida una vez empieza a crecer. Como tú que también irás creciendo y dejando atrás algunas cosas. Te toca participar, como si estuvieras dentro de un videojuego, en el trayecto que recorrerá la joven poeta en estas divertidas páginas.

Oye, ¿alguna vez te has mudado? En esta historia Julita deberá dejar el campo para conocer la dureza de una ciudad llena de retos. ¿Te viene a la mente alguno de esos desafíos? Si les pones nombres, pudieras imaginarlos como los monstruos que nos persiguen en las películas o en los videojuegos. ¿Necesitas prepararte de alguna forma especial para ayudarla? Julita no sabe a lo que se enfrentará, ni tú tampoco. ¿Podrán salir airosos? ¡Tendrán que ser muy valientes!

También verás en primera fila el momento cuando se enamora por primera vez; cuando encara la desigualdad social que muchas veces duele; cuando da rienda suelta a emocionantes aventuras... ¿Te sigo contando o ya preparaste tu equipaje para unirte al viaje?

Mientras terminas de alistarte, te adelanto que serás cómplice de Julita en la gran hazaña de explorar uno de los tesoros más exquisitos de la humanidad: los libros.

¿Te gusta leer? No importa si no te encanta. Julita te ayudará a que puedas vivir la experiencia como si fuera un videojuego muy entretenido. Imagina lo siguiente:

- el libro = la consola
- las páginas = la pantalla del televisor
- las letras = los sucesos que vivirán como héroes de la historia
- tus ojos = el control para moverte dentro del mundo de Julita

Serán ustedes los investigadores, los exploradores, los detectives que darán con los hallazgos más interesantes.

En esta ocasión, nuestra Julita buscará sumergirse, a plenitud, en el mar del conocimiento. Para esa misión necesitará tu apoyo. ¿La acompañarás hasta el final? ¿Lograrán juntos la hazaña? ¿Podrá ella disfrutar esta nueva etapa como lo hacía en su adorado Río Grande de Loíza?

¿Recordaste a Julita? ¿Sí? ¿No?

No hay tiempo de seguir. Te toca empezar. ¡Presta mucha atención! ¡No puedes rendirte!

Estás a unas cuantas páginas de lograr el desafío.

Richard Rivera-Cardona
Comunicador y profesor universitario

Despedida

(En pos de nuevos surcos…)

La inocencia despertaba a una mañana resplandeciente. Una sonrisa dibujaba matices sonrosados sobre el fresco rostro de una adolescencia ávida de eternos sueños e ilusiones. Julita recordaba sus travesuras de niña.

- ¡Cuántos juegos y carcajadas infantiles alegraron mi entorno! ¡Con cuánta agilidad mis piernas emprendieron nuevas aventuras por los montes esmeraldinos del Barrio Santa Cruz! ¡Primorosas tardes, junto a mis hermanitos, engalanaron el batey de la humilde casita de mis padres! ¡Flamantes amaneceres con destellos multicolores se posaron sobre mi Río Grande de Loíza! ¡Maravillosas añoranzas de una niñez privilegiada en las montañas de la patria!

Sus remembranzas despertaron súbitamente a la realidad. El hogar de doña Paula y don Francisco se vestía de fiesta, por un lado, y de tristeza, por otro. Julita se preparaba para asistir a la escuela del pueblo. ¡Cuánto hubiera querido correr, a través del campo carolinense, hasta llegar a la escuela del pueblo, pero la distancia lo haría imposible! Doña Paula lloraba por dentro. Será difícil para ella dejar de escuchar las aventuras y sueños que Julita tejía en las noches, mientras el canto del coquí la arrullaba.

- Mami, ¿qué tienes? - preguntó Julita, como si presintiera el llanto interior de doña Paula.

- Mi niña, ¡estoy feliz! Mi primogénita continuará el sendero del conocimiento. Exquisitos saberes te aguardan. En el hogar de Rosenda, tu imaginación despegará vertiginosamente. Abrirás portales inimaginables a través de libros maravillosos. Aprenderás sobre música, pintura y literatura. ¡El Quijote admirado por tu papá te espera para adentrarte en sus aventuras andantes!

- ¡Ay, mami, cuánto me emociona escuchar tus palabras, pero no quiero dejarlos! Quiero seguir despertándome con el cantar del gallo y las golondrinas que anidan en el flamboyán. Quiero aspirar el aromático café que le preparas a papi antes de ir a buscar los frutos que produce nuestra tierra. Quiero sentir el calor de los rayos de ese sol repleto de carcajadas amarillas. Quiero mirar al cielo y adivinar formas, letras y versos en las nubes. Quiero subir hasta la cima de la montaña y extender mis brazos, mientras la suave brisa riza mis cabellos. ¡Ay, mami, no he salido de aquí y ya los extraño!

- Lo sé, Julita. Nos veremos los fines de semana y nos

extasiaremos al escuchar tus vivencias. ¡Adelante, un universo diverso te espera para acoger en su regazo cada uno de tus sueños!

Lágrimas de plata surcaron los rostros de ambas y la musa de Julita afloró.

Carcajadas de oleajes espumosos
despertaron en mi piel
amaneceres risueños
del materno vergel.

El momento había llegado. Don Francisco colocaba, en una de las banastas de su Rocinante, el sencillo equipaje de Julita. El otro equipaje, el de los sueños, lo cargaba con ella, adherido a su piel. Sus hermanitos dejaron de jugar a la peregrina para despedirse de su hermana. Rostros infantiles la miraban sin entender por qué tenía que partir. Don Francisco montó a Julita en su caballo Nacional. Él montó a su compañero de andanzas, Rocinante. Así, padre e hija partieron hacia la casa de Rosenda. En el umbral de la puerta, doña Paula se despedía; con su mirada maternal, daba gracias al Arquitecto de Sueños...

Nacional

(Símbolo de libertad)

Nacional conocía muy bien el camino hacia el pueblo de gigantes, Carolina. Amaneceres isleños lo habían acompañado hasta allí con la intención de llevar hasta la Plaza del Mercado algunos de los frutos de la finca de los Burgos. En muchas ocasiones, sus banastas se impregnaron del aromático café molido por doña Paula. ¡A Nacional le encantaba el aroma del café! Lo hacía sentir una humanidad inexplicable. Una humanidad orgullosa de su identidad, orgullosa de su nacionalidad... Sus recuerdos más atesorados eran aquellos en los que transportaba a una Julita que llevaba sus riendas a todo galope. Podía sentir cómo el viento alaciaba su crin mientras la niña reía sin parar. ¡Qué muchas aventuras quijotescas había vivido junto a su dueña! Ahora tendría que esperar, como todos, para escuchar las nuevas aventuras de Julita. Aventuras de las cuales él no sería testigo.

- Nacional, ven. ¡Hermosas mariposas revolotean entre las coloridas flores del jardín de mami!

Y Nacional corría y relinchaba de felicidad. ¡Cuánto amaba a Julita! ¡Cuánto amaba la sonrisa colosal que adornaba el rostro de aquella niña que lo cuidaba con esmero!

Nacional había nacido con suerte. Una lluviosa tarde de verano marcó su llegada al humilde hogar de Julita. Su madre, Patria, esperaba con ilusión el alumbramiento de su primer hijo. Julita estaba emocionada. Don Francisco le había prometido, como regalo de cumpleaños, el potro que naciera de Patria.

-Ya verás, mi querida Patria, Nacional nacerá fuerte, sano, resistente y valiente como los grandes guerreros que defienden sus ideales de acero. Su nombre resonará en todos los confines de la tierra de mis ancestros. Su alma viajará, junto a la mía, en busca de retos y aventuras- expresó Julita mientras Patria relinchaba de alegría.

Al parecer, entendía las palabras firmes y contundentes que la niña profesaba.

Llegó el momento. Patria, acostada sobre el pasto dorado, hacía todo lo posible por parir a Nacional. Las horas pasaban lentas. Don Francisco y la niña estaban al lado de la yegua, quien los miraba suplicante. Julita entendió el mensaje de la maternal mirada.

- Quiero que Nacional viva junto a ti las más increíbles hazañas. Siento que mi vida está llegando a su fin. Viajaré hacia la eternidad...

De repente, tiernos relinchos se apoderaron del pequeño recinto donde una madre entregaba la vida por su hijo. La felicidad y la tristeza se entrelazaron. A torrentes, las lágrimas se deslizaron sobre el rostro de la niña posándose sobre el cuerpo de Patria.

- No te fallaré, Patria. Cuidaré y defenderé a Nacional contra toda adversidad- manifestó Julita.

En ese instante, un potro del color del azabache, como su madre, abría sus grandes ojos al mundo y se encontraba con la mirada de una niña que había jurado protegerlo.

Mi llegada al pueblo

(Un nuevo mundo me espera.)

La realidad se interpuso entre las añoranzas de Nacional. Habían llegado al pueblo. El bullicio era la orden del día. Quincalleros iban de un lado a otro inundando la calle; con la esperanza de brindar sustento a sus familias mediante la venta de sus productos. El sonsonete de los pregoneros traía recuerdos a Julita. Cerró los ojos y escuchó a su madre.

- Vendo aguacates, guineos, batatas… ¡Ven, siente el rico aroma del café de mi tierra!

¡Cuántas veces había recorrido las montañas de su campo para llegar al pueblo, junto a su madre, para vender los frutos que con devoción don Francisco y ella habían cultivado!

- Llegamos, Julita. Aquí vive Rosenda.

Julita abrió los ojos. La sorpresa se reflejó en ellos. Ante sí, estaba una de las casas más grandes del pueblo. Su imponente estilo colonial resaltaba entre las demás.

- ¡Qué casa tan grande, papi! Parece un castillo.

- A la verdad que es grande, mi niña. Ahí tendrás la oportunidad de conocer sobre otras culturas. Rosenda posee uno de los tesoros más exquisitos de la humanidad: libros. A través de ellos, viajarás y conocerás nuevos personajes de los que me hablarás cuando regreses a la casa.

Don Francisco tocó la puerta de la casa. Al abrirse, surgió la imponente figura de una señora impecablemente vestida, de tez blanca y ojos marrones, cuya sonrisa alivió el alma de Julita.

- ¡Buenos días, Francisco!

- ¡Buenos días, Rosenda! Aquí te traigo a mi niña, Julita.

- ¡Qué hermosa joven! Soy Rosenda Rivera.

- Mucho gusto, señora. Como mi papá dijo, soy Julita.

Rosenda abrazó a Julita. El abrazo transportó a la joven a su campo querido. Su mente viajó al lar materno. Travesuras, aventuras, risas, carcajadas e ilusiones surgieron en tropel. Las palabras de su madre emergieron apoderándose de su ser.

- ¡Adelante, un universo diverso te espera para acoger en su regazo cada uno de tus sueños!

Padre e hija se confundieron en un tierno abrazo. Fusión de lágrimas escenificaron el momento. Don Francisco se montó sobre su Rocinante. Junto a Nacional, emprendieron el viaje de regreso al humilde hogar. Julita los observó hasta que sus cuerpos se redujeron a tres diminutas figuras en el horizonte anaranjado de un atardecer que marcaba un nuevo comienzo. Una nueva

poesía inundó el alma de Julita.

Soy florecita silvestre en el campo de mis recuerdos
que tropiezan sin cesar
arrastrando nubecitas que se desparraman en el mar.

Soy florecita silvestre en el río de mis sueños
que ríen con fulgor
buscando en el cielo su eterno amor.

Soy florecita silvestre en el sol
de sonrisas amarillas
que se desbordan sobre la campiña.

Laberinto de tesoros

(¡Entre oleajes de recuerdos, transcurrió mi niñez!)

La puerta de la casa de Rosenda se cerró tras desaparecer, en lontananza, los recuerdos de una niñez repleta de correrías, travesuras y sueños hilvanados entre senderos campestres y rumores de agua eternos. Julita se encontró en un mundo distinto, diverso y fantástico. La amiga de su madre poseía, en su hogar, un laberinto de fabulosos tesoros. Cada rincón de la enorme estructura colonial se convertía en el presagio de descubrimientos que marcarían el paso de Julita a través del conocimiento.

- ¡Qué imponente lugar, doña Rosenda! - expresó la joven.

- Sí, Julita, pongo, ante ti, la magia de nuevos saberes. Aquí tendrás la oportunidad de hacerte más grande. El conocimiento nos transforma.

- Gracias, doña Rosenda, por brindarme la posibilidad de continuar el sendero del aprendizaje.

- De nada, Julita. ¡Algo me dice que serás grande entre los grandes!

Rosenda se retiró de la sala con el equipaje de Julita. La diminuta caja era sinónimo de la pobreza extrema que vivía su familia. No pudo contener las lágrimas. Imaginó el esfuerzo y el sacrificio de su amiga Paula. Se estremeció al pensar en el dolor tan grande que debió causarle la separación de su primogénita. Admiró más a su amiga. Enjugó sus lágrimas. Regresó a la sala, donde encontró a Julita observando con curiosidad una pintura de uno de los artistas más prominentes del arte puertorriqueño, Francisco Oller. Entonces, comprendió la acertada decisión de su amiga. Equipaje en mano, dio media vuelta. Desapareció por el extenso pasillo que la conduciría a la habitación destinada a la joven. Mientras tanto, remembranzas emergieron en la mente de Julita. Se encontraba extasiada ante la extraordinaria pintura de El velorio.

Una mañana de primavera, el campo se vistió de galas negras. El luto se había apoderado de cada rincón del Barrio Santa Cruz. Pequeñas tórtolas entonaban al unísono la melodía que anunciaba la transformación etérea del alma de un niño. Julita contemplaba cómo el paisaje se hacía eco de la tristeza que imperaba en la tierra que la vio nacer. El cielo desbordaba sus plateadas lágrimas sobre las montañas esmeraldinas. Los morivivíes se unían a la pena que acongojaba el paisaje. Los flamboyanes cubrían el suelo con su alfombra de rubíes. Julita no

podía entender lo que ocurría hasta que su madre le dijo:

- Julita, el barrio está de luto.

- ¿Quién ha muerto, mami?

- Pedrito, el hijo menor de Paco y Juana.

- Mami, ¡qué tristeza! Como mis hermanitos…

- Sí, mi niña, como mis hijos…

Lágrimas maternales comenzaron a inundar los surcos de un rostro acongojado por la nostalgia. Julita se acercó a su madre. Con sus tiernas manos, enjugó sus lágrimas.

- No llores, mami. Mis hermanitos se han unido a la fiesta celestial. Desde el aposento del Padre, cuidan cada uno de nuestros pasos por el suelo que acogió sus tiernos cuerpos.

- ¡Ay, Julita, qué muchas palabras bonitas dices!

- Las aprendí de ti, mami.

Doña Paula abrazó con fuerza a su Julita.

- Ahora, a prepararnos. Un baquiné nos espera.

- Sí, mami.

Julita buscó, entre sus pocas pertenencias, el traje blanco que utilizaba en ocasiones especiales. Pensó que era el adecuado, pues sabía que el alma de Pedrito estaba hecha de pureza y perfección.

Toda la familia se dirigió al humilde hogar de los padres de Pedrito. Estos esperaban, en la entrada de la puerta de madera añejada, a todo aquel que los acompañaría en este momento. Don Francisco habló en nombre de toda la familia.

- Nuestras condolencias…

- Gracias- expresaron los compungidos padres de Pedrito. Se ubicaron donde había espacio. La casa era muy pequeña. Todo el barrio hizo acto de presencia para acompañar a la familia. Julita observaba con asombro todo a su alrededor. De repente, sus ojos se toparon con el cuerpo del niño, dentro de una cajita de cartón hermosamente adornada con aromáticas gardenias y rojizas amapolas provenientes del jardín de doña Paula, en el centro de una mesa a la que el tiempo le había arrojado años.

La música clásica de Wagner, encendida por Rosenda, la despertó de aquel recuerdo. Cuando observó de nuevo El velorio de Oller, una mágica pincelada había dibujado una límpida sonrisa en el rostro del niño.

¡Adiós, campo de aventuras infantiles!

(Y me deshojé como la flor buscando nuevos horizontes…)

La mañana entretejía nuevos horizontes en el campo de sus sueños infantiles. El ilán ilán se hizo una fiesta de aromas. Su perfume impregnó la humilde estancia de la familia Burgos García. El potente cantar del gallo despertó a todos. La brisa fresca aceptó la invitación de Julita cuando esta abrió la ventana del cuarto que compartía con sus hermanitos. Las aguas rumorosas de la Quebrada Limones y el Río Grande de Loíza corrían presurosas despeñándose en la tierra húmeda por el frío rocío de la noche. El sol dejó salir sus primeros rayos. Su resplandor colmó de amarillos anaranjados el rostro de la adolescente, quien sonrió a medias.

El rumbo de Julita cambiaría. Su universo de conocimientos debía seguir creciendo. La familia decidió dejar las maravillas del campo y mudarse a la ciudad. El destino: Río Piedras, una ciudad misteriosa y desconocida, que se preparaba para recibir las ilusiones de una familia más del campesinado puertorriqueño. Doña Paula se encontraba muy ajetreada empacando en líos las añejadas pertenencias de la familia. Su triste empresa estaba por finalizar. Julita contempló a su madre. ¡La tristeza se había apoderado de su rostro! Ella sabía que su progenitora era feliz entre las montañas de su barrio. Mientras tanto, don Francisco, en el batey, colocaba las banastas a Rocinante y a Nacional, quienes se miraban sin entender el destino que les aguardaba. En ese preciso instante, Julita salió corriendo.

- Julita, ¿para dónde vas? - preguntó don Francisco.

- Papi, voy al encuentro de mi compañero de andanzas y aventuras.

- No tardes, hija. Debemos llegar temprano a nuestro encuentro con la ciudad.

- ¡Está bien, papi! - expresó Julita.

Las atléticas piernas de la joven se prepararon para la última carrera campestre. Mientras corría, su mente se inundaba de fantásticos recuerdos. Suspiró profundamente. El aire inundó sus pulmones de perfumes diversos. De momento, sus piernas se detuvieron. Estaba ante la presencia de su majestuoso Río Grande de Loíza, quien agitó sus brazos de agua al verla. Este se dio cuenta de que Julita estaba diferente.

- ¿Qué te sucede? - preguntó el río.

- Mi corazón está triste. Vengo a decirte adiós- expresó la

joven.

- ¿Cuál será tu destino, mi siempre Julita?

- La ciudad... ¡Viviremos entre pequeñas y apiñadas casas! No puedo negar que me enfrentaré a un universo maravilloso de posibilidades, pero no quiero dejar el campo que me vio nacer y a ti, el río que acunó mis primeros sueños de amor.

- No estés triste. Aquí estaré, esperando tu regreso, para revivir nuestras correrías; para tomarte entre mis brazos y entre juegos soltarte en las veredas campesinas.

- Mi amigo río, mi río amigo, ¡qué grande eres!

Entonces, una caricia de agua enjugó el rostro de Julita, quien se despidió de su amigo con una sonrisa de tiernos oleajes.

En la sepultura… ¡de un mar extraño!

(Y las aguas de tierras lejanas e inhóspitas susurraron, con su

oleaje helado, su nombre… ¡Manolín!)

Julita, en la sala de la casa familiar en Río Piedras, danzaba al ritmo de una música diferente, de una música universal: la melodía sublime del amor. Con su alegría juvenil, llenaba de sonrisas y suspiros el paisaje pueblerino. Recordó la naturaleza que engalanaba su humilde hogar en las montañas del Barrio Santa Cruz. Se transportó, en un abrir y cerrar de ojos, a una correría entre yerbas trenzadas, flores aromáticas, árboles corpulentos, trinar melódico de pájaros niños... ¡Se vistió de recuerdos! Entonces, su primer amor se dejó sentir como la primera vez que acarició, con sus brazos de agua, sus ilusiones de niña.

- ¡Río Grande de Loíza! La vida me lleva por otro rumbo. Me siento rara, diversa… Mariposas de múltiples colores acompañan mis pensamientos. ¡Mi corazón crece! ¡La llama de un amor noble me impregna de quimeras y sueños mágicos! - expresó Julita, en cuya mente resonaba el eco de las aguas de un río que cobró vida.

- Mi niña, tus remembranzas susurran, desde hace días, andanzas pueblerinas de la mano del amor. ¡Cuánto he celebrado ese querer! ¡Cuánto he anhelado tu felicidad!

- Su nombre es Manolín. Sus ojos reflejan la nostalgia que produce alejarse de la montaña y la floresta de la campiña isleña. Nos encontramos, por casualidad, en la escuela. Nuestras miradas se cruzaron y en esa íntima conversación nos entregamos a la ilusión de un nuevo amor.

- Te entiendo, Julita, mi criatura de agua. ¡Vive y sé feliz!

- ¡Vivo y espero el regreso de Manolín, allende los mares de una tierra desconocida que, por decisión de sus padres, nos ha separado, para obsequiarle los jazmines que adornan tus riberas, en señal de amistad! Anhelo estrechar su mano y correr entre los montes engalanados de soles amarillos. Escuchar, sentados bajo la sombra frondosa de la ceiba robusta, el alegre trinar de golondrinas diminutas. Observar, entre sus brazos, las nubes y, en un juego de niños, adivinar sus formas. ¡Quiero renacer en su amor! ¡Quiero hacerme poesía entre sus brazos!

Corrientes maravillosas de oleajes internos
se arraigaron en mi ser
en un beso de amanecer
en un abrazo de inocencia.

De repente, la voz sollozante de doña Paula irrumpió los recuerdos de Julita. Lágrimas de plata surcaban el rostro de la noble y abnegada mujer.

- Julita, ¡qué dolor tan inmenso!- expresó doña Paula.

- ¿Qué ocurre, mami?

- ¡Manolín, Manolín!

- ¿Qué sucede?

- Las aguas de un mar extraño se apoderaron de su cuerpo.

- ¿Qué pasó?

- Al llegar a Nueva York, decidió lanzarse del barco San Jacinto.

Julita revivió las aventuras con su amado Manolín en las riberas de su Río Grande de Loíza, las correrías entre los charcos campesinos, los juegos entre árboles imponentes y las ideas de liberación nacional que ambos compartían. Revivió el dolor de la muerte una vez más. Sus grandes ojos no se hicieron esperar. Caudalosas lágrimas juveniles recorrieron la lozanía de su rostro. Buscó refugio y consuelo en sus recuerdos. La voz de agua, potente y fuerte, resurgió esperanzadora, en su memoria.

- ¡Vive y sé feliz!

Nuevas letras se agolparon en el alma de Julita, recordando a Manolín.

Desembarqué en el mar de tus remembranzas
y mis oleajes ilusorios nadaron hasta la orilla de tus labios.

Ante la espera que desespera; ¡por allá viene el temporal!

(*Temporal, temporal, por allá viene el temporal.*
Temporal, temporal, por allá viene el temporal.
Plena: Temporal)

La naturaleza había despertado de manera distinta. Un aire de tristeza y nostalgia inundaba todo a su paso. Las noticias de ¡última hora! se apoderaron de la quietud de un pueblo que vivía con la esperanza de progreso y bienestar. Don Francisco y doña Paula no habían podido dormir en toda la noche. El insomnio y la preocupación por su familia no les permitió descansar para recibir el nuevo amanecer. Se habían mudado a Río Piedras con el anhelo de brindar a sus hijos la oportunidad de educarse, en especial a Julita. La joven sintió el caminar de su padre, de un lado al otro, asegurando las pocas pertenencias que habían podido traer del Barrio Santa Cruz. Escuchó el martilleo sobre las trancas que asegurarían la puerta y las pocas ventanas del hogar. El olor a café recién colado impregnó con su aroma la casita que, con esfuerzo y sacrificio, se irguió entre las de otros humildes campesinos. ¡Con cuánta ilusión emigraron a la ciudad!

- Mami, ¿qué sucede? - preguntó Julita.

- Se acerca el temporal. Estamos asegurando todo- manifestó doña Paula.

Julita salió presurosa del hogar. Quería observar el

paisaje campestre que se divisaba desde la ciudad. Observó el cielo. Estaba distinto. Su traje azul se había tornado grisáceo. Entonces, aunque sintió la calidez del sol, se dio cuenta de que sus sonrisas amarillas se habían opacado. Los árboles extendían sus ramas hacia el suelo. Las aves emitían fúnebres melodías que presagiaban lágrimas y pesares. Las flores cerraron sus corolas buscando resguardarse del mal tiempo que se avecinaba. El viento se tornó potente. La brisa se había transformado en ráfagas que auguraban destrucción. Julita se sintió acongojada. Comenzó a llorar. El cielo, en solidaridad, abrió sus compuertas de par en par. Entonces, una estela de tristeza cubrió su ser.

- ¿Qué será de mi familia? ¿Qué pasará con mi país? ¿Qué sucederá con la naturaleza de mi patria? ¿Y mi Río Grande de Loíza? ¡Cuánto quisiera estar ahí para resguardarme en su regazo!- expresó con dolor.

La lluvia la hizo entrar al hogar. Allí se topó con los rostros temerosos de sus hermanitos. Consuelito corrió hasta ella. Ambas se confundieron en un amoroso y tierno abrazo. ¡Todo estaba dispuesto para recibir al monstruoso temporal! ¡Todos se refugiaron en el hogar!

54

El cielo se escocotó en llantos sublimes. El viento acrecentó su poder. Los árboles aferraban sus raíces a la tierra. El sol se escondió. Las aves desaparecieron del entorno. La casita de la familia Burgos García sentía las estruendosas ráfagas. El viento estaba fuera de control. Julita jamás olvidaría aquella fatídica fecha: 13 de septiembre de 1928, cuando un temporal con nombre de santo, San Felipe, azotó con furia a su isla.

Un nuevo comienzo

(¡Seré más grande!)

¡Cuánto añoraba el campo carolinense! ¡Cuántas aventuras y travesuras revivía constantemente! La vida en la ciudad era difícil. El Monte, arrabal donde vivían los campesinos cuya esperanza de progreso se desvanecía, quedaba cerca de la Universidad de Puerto Rico. En la escuela superior de ese recinto académico, había puesto sus ilusiones la primogénita de doña Paula y don Francisco. La madre trabajó incansablemente para que su hija hiciera realidad su sueño. La separación de su campo y las esperanzas de regresar motivaban a Julita para continuar con la aventura del conocimiento.

- ¡Seré más grande! Aprenderé y llenaré de luz a la patria de mis ancestros- expresaba Julita a su mamá.

- Mi niña, te espera un futuro prometedor. ¡Serás grande entre los grandes! Cantarás los versos más hermosos y conquistarás el universo.

- Así será, mami.

Al día siguiente, Julita se levantó con emoción. Recordó, en ese preciso instante, su primer día de clases en el campo carolinense. Cerró los ojos. Se transportó al salón de la maestra de sus años infantiles, la señora Ramírez, y cantó, junto a sus

compañeros:

Cual bandada de palomas
que regresan al vergel
ya volvemos a la escuela
anhelantes de saber.

Ellas vuelven tras el grano
que las ha de sustentar
y nosotros tras la idea
que es el grano intelectual.
(Virgilio Dávila)

Al abrir los ojos, despertó a la realidad de la que se había enajenado en su añoranza. Esta vez todo sería distinto. La mayoría de los estudiantes de la escuela superior de la universidad provenían de una clase social privilegiada. Julita entendía que esto no sería impedimento para continuar hacia adelante.

Julita salió de su casa. Observó todo a su alrededor. ¡Cuánto extrañaba a sus compañeros de mañanas inquietas entre una naturaleza que se desplegaba orgullosa entre matices de colores danzarines! ¡Cuánto anheló escuchar las aguas cristalinas de su Río Grande de Loíza! La naturaleza contagiaba de festividad a la niña deseosa de trazar su propia ruta.

Llegó a la Escuela Secundaria de la Universidad de Puerto Rico, luego de caminar a zancadas por las polvorientas calles

60

de una ciudad carente de colorido, aromas y dulces melodías que anunciaran el despertar del alba. Observó a cientos de jóvenes que celebraban el comienzo de un nuevo año escolar entre carcajadas, presunciones y banalidad. Sus zapatos gastados y su ropa añejada, por el tiempo que se ensañaba contra el campesinado que emigraba con el anhelo de progreso, no serían obstáculos para continuar. En ese instante, una mariposa vestida de azul celeste se posó sobre el hombro de Julita. Entonces, se reafirmó en sus pensamientos.

- ¡Quiero sumergirme, a plenitud, en el mar del conocimiento!

¡Conoce a la autora!

Obdulia Báez Félix nació el 3 de septiembre de 1972, en Yabucoa, Puerto Rico. Estudió en la U.P.R. de Río Piedras un Bachillerato en Bellas Artes con una concentración en la Enseñanza del Idioma Español en la Escuela Secundaria. Hizo una Maestría en Currículo y Enseñanza en Español, en la Universidad Ana G. Méndez, en Gurabo. Estudió una Certificación en Administración y Supervisión Educativa, en dicha institución. Fue profesora en la Universidad Ana G. Méndez, en Yabucoa, en la Universidad Interamericana de Guayama (Centro Universitario INTER de Humacao) y en la U.P.R. de Humacao. Publicó, para COSEY, el manual Enroscando destrezas. Obtuvo un Doctorado en Filosofía y Letras, con especialidad en Literatura Puertorriqueña y del Caribe, en el Centro de Estudios Avanzados de Puerto Rico y el Caribe, en diciembre del año 2019. Su tesis doctoral se titula "El periodismo literario de Julia de Burgos en Nueva

York, 1943-1945: visión de una nueva cultura en función de los pueblos hispanos". La tesis fue aprobada como sobresaliente y recomendada para su publicación. En la actualidad, es profesora en la Universidad Interamericana, de Guayama, y en su Centro Universitario INTER de Humacao. Recientemente, recibió el reconocimiento como Mujer Girasol de ASORBAEX. Es miembro de: AIPEH, PEN de Puerto Rico Internacional, Amigos de Grupos Culturales y del Mundo, JAYEI y de la Asociación de Graduadas de la Universidad de Puerto Rico.

Sus escritos han sido publicados en la revista digital Caminos Convergentes y en "Boricua Beauty Magazine". Su trabajo literario puede encontrarse, además, en las antologías: Siglemas 575: Di lo que quieres decir, 2017-2020, En el cafetal, Divina: la mujer en veinte voces, Para ti Julia, dedicada a Julia de Burgos, de la Liga de Poetas del Sur, Antología de Cuentos, Poemas y Narrativa de Amigos, de Grupos Culturales de Puerto Rico y el Mundo (2019 y 2020) y Letras desde el encierro, de PEN de Puerto Rico Internacional. En junio del año 2018, publicó su libro: Y me llamaron… ¡Julita!, cuentos en honor a la niñez de Julia de Burgos. En el mes de marzo del año 2020, se convirtió en escritora independiente y autopublicada, después de aprobar exitosamente el taller titulado: Cómo autopublico mi libro, ofrecido por la escritora Lolin Fuentes, con la segunda edición de Y me llamaron… ¡Julita! que forma parte de los libros en circulación de Amazon.

Made in the USA
Monee, IL
02 June 2024

59272905R00040